LA CROISADE

AUTRICHIENNE, FRANÇAISE, NAPOLITAINE, ESPAGNOLE,

CONTRE

LA RÉPUBLIQUE ROMAINE

PAR

E. QUINET,
Représentant du peuple.

PARIS,
CHAMEROT LIBRAIRE,
RUE DU JARDINET, 13.
1849

Paris.— Imprimerie de L. Martinet, rue Mignon, 2.
(Quartier de l'École-de-Médecine.)

LA CROISADE

AUTRICHIENNE, FRANÇAISE, NAPOLITAINE, ESPAGNOLE,

CONTRE

LA RÉPUBLIQUE ROMAINE.

Les deux gouvernements qui ont précédé celui de la République sont tombés pour s'être enrôlés dans la Sainte-Alliance. La Restauration a eu son expédition de 1823, par laquelle elle a étouffé le libéralisme constitutionnel de l'Espagne; elle l'a expié en 1830. Le gouvernement de Louis-Philippe a eu, en 1847, son expédition du Portugal, par laquelle il a détruit la révolution portugaise; il l'a expié en 1848. De l'une de ces entreprises à l'autre, il y eut cet étrange progrès, que dans la première le gouvernement de la Restauration était au moins conforme à son principe en restaurant la légitimité, et que dans l'autre le gouvernement de la révolution se détruisait lui-même en détruisant à Lisbonne le principe de la révolution française.

Telle a été, depuis Waterloo, la politique de la Sainte-Alliance: faire servir la France d'instrument contre les amis de la France; et, par cela, deux buts étaient poursuivis à la fois. Premièrement, détruire par nos mains les gouvernements libres; secondement, nous déshonorer par nos propres succès. Car tandis que les gouvernements absolus restaient conformes à leurs doctrines, ils obligeaient la France de s'armer contre les siennes; ils la forçaient de combattre contre ses convictions et ses lois, sachant bien qu'ils n'avaient rien fait s'ils ne réussissaient à la dégrader par ses apostasies, et à tourner son épée contre elle-même.

Les gouvernements précédents ont subi cette loi de l'étranger; ils sont tombés pour l'avoir acceptée. 1830 et 1848 sont l'un et l'autre un effort de la nationalité française pour échapper aux fourches caudines de la Sainte-Alliance.

Quand la Révolution de 1848 a éclaté, il n'est pas un homme dans l'étendue de ce territoire qui n'ait cru que la France allait sortir du cercle de servitude où elle tournait depuis 1815, sous la verge de l'étranger. Oui, tous crurent que la politique de l'invasion avait disparu, que la patrie renaissait, que le joug de la conquête se brisait, que nous sortions enfin de l'enceinte maudite de Waterloo.

En effet, une expédition est depuis longtemps annoncée, préparée en silence. Au milieu d'une nuit où les embûches abondent, cette expédition est, en quelques mots couverts, proposée à l'Assemblée constituante. Celle-ci, sans chercher, sans attendre la lumière, qu'elle redoutait peut-être, donne sa sanction à l'entreprise. La flotte part. Où vont les soldats de la République française? Faut-il le dire? Pour la troisième fois, la France va renouer elle-même sa chaîne demi-rompue des traités de 1815. Sur la trace des expéditions de Charles X et de Louis-Philippe, la France républicaine court écraser la République au dehors; encore une fois elle sert d'exécuteur à ceux qui l'ont vaincue. Tombée en servitude par les traités de 1815, on l'envoie châtier les peuples qui se dérobent à la servitude en brisant ces traités. Déjà elle a été condamnée à châtier l'Espagne et le Portugal; aujourd'hui c'est l'Italie qu'il faut clouer sur la croix; car, on ne peut le nier, cette nation a volé son maître en voulant s'affranchir.

Nos avocats, qui, après avoir plaidé le constitutionnalisme pendant dix-huit ans, plaident aujourd'hui l'absolutisme avec la même sécurité de conscience, ne voient pas que la question qui s'agite de l'autre côté des Alpes est une question de nationalité, non pas de libéralisme.

Que se propose l'Autriche? Est-ce d'opprimer l'Italie pour le plaisir d'opprimer? Non. Elle a maintes fois promis des améliorations, des progrès, ce que l'on appelle une liberté sage. Que demande-t-elle donc? Peu de chose : empêcher la nationalité italienne de renaître. Voilà à quoi se réduit son ambition. Aidez-la seulement d'un coup de main dans ce meurtre social; après l'action consommée, elle sera, du reste, plus généreuse que vous : institutions civiles, administratives, *consultes d'État*, elle n'a rien à refuser, pourvu que ces bienfaits s'octroient à un corps mort. Que les Italiens renoncent à se faire une patrie, les cabinets de Vienne et de Pétersbourg leur accorderont tout le reste; car aussi longtemps qu'une nationalité ne se constitue pas de l'autre côté des Alpes, l'Italie est le domaine de l'Autriche. Le peuple italien est tombé en déshérence; qu'il ne réclame ni son héritage ni sa place au soleil : voilà la seule chose que demande la coalition. Est-ce trop exiger?

La question ainsi posée se réduit à celle de savoir quel est le moyen suprême d'étouffer dans son principe la nationalité italienne; ce moyen, s'il existe, sera dans la politique naturelle de l'Autriche et de la Russie : qui veut les servir l'une et l'autre aura recours à cette arme. Or il est un moyen assuré d'empêcher la nationalité italienne, non seulement de grandir, mais de naître : c'est celui qui depuis douze cents ans a fait avorter l'Italie, celui que tous les grands hommes de la péninsule ont signalé de siècle en siècle comme l'obstacle éternel à la patrie : je parle de l'établissement du pouvoir temporel.

Admettez que vous ayez au milieu de la France dix départements dont vous ayez fait le domaine inaliénable de la papauté; ce domaine, régi par la théocratie, serait sans lien, sans cohésion possible avec les autres parties du territoire. Supposez, de plus, que le souverain de cet État soit nommé par des étrangers, Autrichiens, Espagnols, Anglais, Russes. Comment pensez-vous qu'avec cet élément étranger au cœur du pays vous pourriez parvenir à former l'unité de la patrie française? Un effort de mille ans n'avancerait pas le problème, puisque dans ces termes la solution en est mathématiquement impossible. De siècle en siècle, l'Italie a roulé cette roue d'Ixion, sans que le supplice ait eu un terme. Former une patrie en conservant au cœur un pouvoir théocratique, cosmopolite, étranger, qui est la négation même de la patrie, telle est l'impossibilité absolue à laquelle ont été condamnés, de génération en génération, les hommes de l'autre côté des Alpes. Ce pouvoir est ce que Machiavel appefait le *fer dans la plaie*. Par un effort suprême l'Italie, de nos jours, avait arraché le fer de son sein; en l'y replongeant, nous empêchons la plaie éternelle de se guérir.

Le manifeste du président de la République française accuse le peuple romain de l'*ingratitude la plus affligeante*. Ceux qui ont étudié cette affaire ne peuvent accepter ce langage; ils savent que le divorce entre le peuple et le saint-père a eu pour cause la question de l'indépendance nationale. Élu de l'étranger, le pontife a refusé de faire la guerre aux étrangers, aux envahisseurs, aux Autrichiens. Il a renié la cause nationale et ne pouvait faire autrement, sans abdiquer son caractère; en le suivant dans cet abandon de la patrie, les Italiens eussent trahi l'Italie. D'où il suit que le peuple et le pape se sont séparés, parce que les principes constituants de l'un et de l'autre sont inconciliables. Si la papauté est souveraine, il ne peut y avoir de nationalité; si la nationalité existe, la papauté ne peut être souveraine. Sans qu'il y ait d'aucun côté la moindre ingratitude, ces deux conditions se repoussent et ne sauraient exister simultanément. La force des choses qui a fait ces impossibilités le veut ainsi. Qui a jamais accusé d'ingratitude un angle droit, parce qu'il ne peut, sans cesser d'être, se plier à être un angle aigu?

Deux choses sont évidentes. Avant de se créer une patrie, il faut se placer dans une condition où la patrie est possible, c'est-à-dire, abolir le pouvoir temporel; ou bien, si l'on veut étouffer jusqu'au germe de la nationalité italienne dans le présent et l'avenir, il faut rétablir ce pouvoir. Cela suffit pour étouffer le cœur qui commençait à battre.

Les fauteurs de l'expédition française de Civita-Vecchia avaient rêvé qu'il en serait ainsi sans guerre, sans effusion de sang; leurs amis de Gaëte s'en faisaient les garants. Ce devait être le plus beau résultat d'une expédition diplomatique et jésuitique: atrophier dans le germe la vie nationale; aider l'Autriche à faire libéralement avorter l'Italie; tuer sans bruit, sans effort, sans avoir besoin même de manier le fer; enlacer, étouffer, sans laisser même une trace de violence sur le corps de l'Italie, puis dire après: Nous l'avons trouvée morte: voilà ce que l'on s'était promis en accordant au clergé son expédition. Par malheur, l'Italie a senti le coup ; elle a jeté un grand cri : la lumière s'est faite, le monde a regardé, il a fallu égorger.

Si l'intérêt de l'Autriche est que l'Italie ne puisse se constituer en corps de peuple, le salut de la France veut absolument le contraire, en sorte que celui qui sert le premier trahit nécessairement le second. Il suffit d'ouvrir les yeux pour voir que le danger qui menace la France n'est plus seulement une coalition de rois, mais un changement dans l'équilibre de l'Europe. Deux races d'hommes se lèvent et se constituent en face de nous, la nationalité slave et la nationalité germanique. Par le seul poids de leur masse elles menacent de nous écraser si l'équilibre ne se rétablit par un autre côté. Dans ce danger, qui tient non aux passions, mais à la nature même des choses, le salut de la France est d'aider à constituer des nationalités nécessairement amies, dont l'alliance soit fondée sur la communauté du sang, sur les rapports d'origine et de langue. Pendant que la Prusse évoque la race germanique, la Russie la race slave, qui ne voit que la France, en frappant de mort un membre de la race romane, se frappe elle-même ? A ce point de vue, la nationalité italienne est pour nous une des premières conditions de vie dans le nouveau travail des races en Europe. C'est, pour ainsi dire, un de nos propres membres ; quand vous la livrez, ou que vous aidez vous-même à l'anéantir, il est évident que vous livrez la France elle-même : le meurtre est à la fois un suicide.

Supposez que l'empereur de Russie ou le maréchal Radetzky eussent sous leurs ordres l'armée française ; j'imagine qu'ils lui donneraient à peu près l'ordre suivant : « Pendant que la » grande armée de la coalition autrichienne et russe, toujours » pendante sur la France, a sa gauche dans les provinces moldo- » valaques, et sa droite sur le Tésin, allez nous appuyer par une » expédition à Rome. La seule chose que nous demandions est » le rétablissement immédiat du pouvoir temporel, sous une » forme quelconque. Car nous savons que cela nous suffit pour » empêcher l'Italie de se constituer et de nous inquiéter jamais. » Faites ce que nous ferions nous-mêmes ; empêchez ce peuple de

» naître ; mettez le pied sur le foyer qui se rallume. Nous nous » chargeons des extrémités ; vous, écrasez la tête.

Et quel moment a-t-on choisi pour entrer dans le plan de la coalition austro-russe ? Avait-elle du moins pour elle la fascination de la force et de la victoire? Etait-ce un de ces moments où les ennemis de la France avaient pour eux l'autorité du succès ? Non. Vous êtes entrés dans les rangs de la Russie et de l'Autriche vaincues. Que feriez-vous donc si elles étaient victorieuses? Ces mêmes Hongrois qui ont protégé nos pères contre l'invasion de l'islamisme, formaient la barrière la plus solide de la France contre l'invasion de l'Europe Cosaque. Ils couvraient de leurs poitrines notre occident ; ils formaient l'avant-garde inespérée de la France ; entourés de vos ennemis, ils les refoulaient par une suite de prodiges ; ils ne vous demandaient rien que de combattre pour votre propre cause, pour celle de votre territoire et de votre indépendance. Et c'est le moment que vous choisissez pour aider à les massacrer par derrière ; le concours que vous donnez à l'Autriche a valu pour elle 100,000 hommes, qu'elle a pu en toute sûreté rejeter contre les Hongrois. En sorte que du même coup vous avez frappé deux nationalités amies ; et ce double meurtre atteint au cœur la nationalité de la France.

Si, du moins, je retrouvais ici la franchise d'un acte qu'on avoue ! Les empereurs de Russie et d'Autriche ont la sincérité de leur rôle ; ils avouent ce qu'ils font. Puisque nous imitons leurs actions, que n'imitons-nous leur langage ?

Quand la Restauration allait étouffer la révolution espagnole, elle avait le cœur de le dire ; mais cette expédition, qui, pour poignarder en toute assurance une nationalité, se couvre d'un masque libéral et républicain, a trompé tout le monde. Qui n'a été pris dans le piége? L'Assemblée nationale? Elle voulait l'affranchissement de l'Italie. Comment arrive-t-il que cette expédition, votée dans cet esprit, se trouve être en résultat un honnête coup de couteau-poignard dans les reins de l'Italie? L'armée? Elle croyait marcher à la défense du principe républicain et de l'indépendance du territoire français ; la campagne se tourne contre l'un et l'autre. Les ministres? Ils assuraient n'avoir qu'à se montrer pour faire tomber les murailles sans résistance, et la malédiction d'un peuple les empêche pendant deux mois d'approcher. Le peuple Italien? Il salue du rivage le drapeau français, s'obstinant à y voir le signe de l'indépendance, et il se trouve que ce drapeau est aussi le drapeau de l'Autriche. Le peuple Français? On l'amuse en lui disant qu'il se couvre d'une gloire impérissable; et cette gloire, en effet, nous restera au front. Le parti prêtre? Il croit que par cette expédition tout est gagné pour le pape, et cette invasion étrangère est la seule chose qui pouvait le perdre; car du pape elle a fait un Bourbon. M. Louis Bonaparte? Il croit suivre Napoléon? il suit Charles X et Louis-Philippe.

Nous faisons à l'Italie un mal incomparablement plus grand que celui qui lui vient de l'Autriche. Celle-ci sur le champ de bataille de Novarre ne lui a pris que ses bras; nous allons à Rome la frapper à la tête. Les Croates de Radetzky ne font qu'une blessure matérielle; avec nos subtilités frauduleuses, nos déguisements obstinés, c'est l'âme même que nous allons détruire. L'action de l'Autriche est franche, son attaque est directe; celle de la France est masquée. La première frappe, la seconde empoisonne.

Je sais bien que les raisons ne manquent pas pour autoriser le meurtre social qui se commet à cette heure. Voici la première, celle qui frappe le plus grand nombre. Trois partis à prendre se présentent dans la situation des affaires en Italie. Protéger la liberté, ne rien faire, détruire nous-mêmes, à notre manière, la liberté. La première de ces choses exigerait un effort, nous y renonçons d'avance; la seconde ne convient pas à un grand pays tel que le nôtre; la troisième, qui consiste à détruire la liberté, est une voie facile, ouverte, où l'on marche d'accord avec la vieille Europe: c'est celle que nous suivrons.

En d'autres termes, notre voisin court risque d'être assassiné, il appelle au secours. Assurément nous pourrions le sauver, mais il faudrait le défendre; nous pourrions aussi nous croiser les bras, mais c'est une chose honteuse. Il ne reste donc évidemment qu'à prendre les devants sur le meurtrier, et à frapper nous-mêmes pour avoir une contenance. Car, enfin, il *faut faire quelque chose.*

Quoi ! le bien ou le mal, la liberté ou la servitude, la vie ou la mort, la gloire ou l'opprobre, tout est bon, pourvu que nous ayons l'air seulement de faire quelque chose. Dans tous les cas, nous remuerons des bataillons, nous armerons des escadres ; ce mouvement d'hommes, de fusils, fascinera la conscience ; puis nous verserons le sang à flots, celui de nos soldats aussi bien que celui d'un peuple ami ; cela fait toujours honneur. Qu'importe après tout que les armes soient tournées en définitive contre la cause de la patrie et de l'humanité ? La seule chose nécessaire est qu'elles brillent ; les populations amusées par ce carnage lointain, n'en demanderont pas davantage.

D'ailleurs, nous avons une seconde raison qui confirme la première, et nous a été léguée en ligne directe, par Louis-Philippe, qui la tenait de Charles X, qui la tenait de la Sainte-Alliance. Savez-vous ce que nous allons faire en Italie ? Y porter à la pointe des baïonnettes une sage liberté ; c'est-à-dire que si ces peuples qui ne nous ont pas appelés, qui se sont donné des gouvernements de leur chef, voulaient garder les libertés de leur choix, nous sommes tout prêts à les massacrer : car, puisque nous sommes républicains, que nous avons juré une constitution républicaine, vous comprenez que notre premier devoir envers Dieu et envers les hommes, est de mettre à sac le principe républicain partout où nous le rencontrerons. La logique, le bon sens, la conscience l'exigent absolument. Si ces peuples étaient assez fous pour ne pas comprendre cette logique, nous serions obligés, par notre religion même, de sabrer, fusiller, mitrailler honnêtement et modérément des hommes qui refusent la *sage liberté* d'être envahis par l'étranger. Seulement nous nous engageons, sur la sainte hostie, à ne les sabrer que les jours d'œuvre. Le dimanche, et principalement le jour du *corpus Domini*, nous leur laisserons la vie sauve, afin qu'ils aient le temps de vaquer à l'office et de se confesser avant la mitraille.

Ainsi, il est donc bien vrai, nous voilà, France de 1849, replongés tout vivants non seulement dans l'opprobre des traités de 1815, mais dans les replis jésuitiques, dans le gouffre de mensonges, de piéges, d'hypocrisies, de servitudes insondables qui ont scellé ces traités. Les voilà qui reparaissent sur nos lèvres; ils ne sont pas seulement dans les chancelleries, ils revivent dans nos paroles. Vaincus de Waterloo, qui ne voulons pas nous relever, nous portons avec nous la contagion de notre servitude, répétant, propageant chez les autres la formule que la Sainte-Alliance avait eu du moins l'honneur d'inventer contre nous. Ce discours de l'esclave, que l'étranger, maître chez nous, nous a forcés d'apprendre en 1815; ce mensonge, auquel la défaite a plié notre langue loyale, nous allons le répétant aux Italiens, à savoir : Que la défaite de la patrie est un bienfait, l'invasion une garantie, l'épée de l'étranger une félicité; qu'après tout, ils auront la liberté entière de reprendre, sous nos baïonnettes, les gouvernements qu'ils ont chassés, de la même manière que nous avons eu en 1814, sous le poids des Russes, liberté pleine, entière, absolue, d'acclamer les Bourbons de droit divin.

Si la France était restée prisonnière de guerre depuis 1815, les mains liées derrière le dos, elle ferait exactement ce qu'elle va faire dans l'expédition de Rome.

En effet, si en anéantissant la nationalité italienne, en frappant par derrière la nationalité hongroise, nous tournons directement contre la France les armes de la France, j'ajoute qu'en livrant notre droit, nous ouvrons les portes à l'ennemi. Vous déclarez que ces gouvernements italiens nés du suffrage universel, légitimes comme vous, sont sans valeur, qu'il est permis de les renverser à quiconque possède un morceau de fer. Ce que vous affirmez de l'Italie, qui empêchera, au moment venu, la coalition austro-russe de l'affirmer de la France? L'Histoire est pleine de ces peuples perdus pour avoir livré le droit qui seul les faisait vivre. Venez donc, accourez au moment propice, de tous les bouts de l'univers, vous qui épiez l'heure d'étouffer cette nationalité française qui déjà deux fois a pu renaître de ses cendres. Pour la tuer moralement, vous n'avez qu'à répéter son langage. Dites-lui à votre tour que vous venez la délivrer d'une minorité factieuse; que cette ombre de gouvernement républicain n'est qu'une anarchie dont vous voulez bien la débarrasser; que vos armées purifieront son sol; que ce peu de fer russe que vous lui plongez dans le cœur est un remède assuré contre les révolutions qui la poignent.

Si l'engagement était pris d'extirper du cœur des hommes la notion de patrie, dites-moi en quoi l'on procéderait autrement? Quiconque aujourd'hui défend sa nationalité est un malfaiteur. Bem, Dembinski, Gorgey, Kossuth, Manin, ces hommes qui ont conservé le cœur de nos héros de 1792, ne sont que des émeutiers; Lafayette en Amérique, lord Byron, Santa-Rosa en Grèce, ne seraient plus que des bandits. Des Italiens accourent dans Rome défendre le foyer de la société italienne. Aventuriers, nous crie le gouvernement français, ridicules agitateurs, aussi étrangers à Rome que nous-mêmes! Si jamais l'ennemi passe nos frontières, nous savons d'avance de quels noms infamants seront salués ceux qui le combattront. De quel droit un Alsacien, un Lyonnais, un Breton viendrait-il défendre Paris, s'il est criminel à un Lombard, à un Génois de défendre Rome?

Quiconque répand ces maximes, il est clair qu'il anéantit moralement la patrie française; il corrompt la conscience des citoyens; il fait entrer l'ennemi dans le cœur de ceux qui l'écoutent.

Au point de vue purement politique, on avoue tout bas que l'affaire est monstrueuse; mais que dire au point de vue moral et religieux? Si, dans le premier cas, la patrie est livrée, dans le second, c'est l'humanité entière qui crie contre l'attentat.

Dans leur matérialisme déguisé, instrument de croyances qui ne sont pas les leurs, de doctrines qu'ils n'ont jamais sondées, ils rencontrent ici une question morale où ils s'embarrassent à plaisir. Plus elle est grande et périlleuse, plus ils affectent de ne pas la voir; et ils ont si bien fait, que c'est à peine s'il a été dit jusqu'à ce jour un mot de ce qui est véritablement tout le fond de l'affaire.

Ils vont rétablir, disent-ils, l'autorité du pape; moi, je soupçonne qu'ils n'ont aucune idée du gouffre où ils se précipitent.

Bonnes gens des campagnes, vous que l'on travaille à tromper avec un zèle infatigable, écoutez-moi. Je suppose que des garnisaires de toutes armes, à pied, à cheval, baïonnette basse, sabre nu, s'abattent tout à coup dans vos fermes; vous leur demanderiez d'abord en quoi vous avez mérité une attaque aussi brusque. J'admets qu'un diplomate vous réponde en leur nom : « Nous sommes envoyés pour vous ramener à la raison par monseigneur Antonelli; car nous avons appris que vous ne voulez plus que votre curé soit en même temps votre maire; vous prétendez de plus enlever vos moissons, cueillir vos vendanges, sans avoir au préalable un billet de confession. Vous comprenez qu'il ne peut en être ainsi : ce serait le renversement de la religion, de la propriété, de la famille. Le bon ordre, la morale, la police, les empereurs de Russie et d'Autriche, et nos seigneurs de Gaëte demandent que vous soyez immédiatement sabrés, ou mitraillés à votre choix, si vous ne rendez sur-le-champ à monsieur le curé les fonctions du maire. »

A ce discours étrange, j'imagine que vous répliqueriez: « Nous avons un curé pour l'église, un maire pour la mairie; c'est chose sage et raisonnable que chacun soit à ses fonctions. Pourquoi nous obliger à coups de fusil de revenir à la confusion dont nos pères se sont débarrassés dans la première révolution? Si vous le trouvez bon, nous ne changerons rien à cette situation qui nous plaît. » Pour trancher cette conversation, si le tambour battait la charge, si les balles pleuvaient sur vous et sur vos femmes, si les boulets rouges allumaient vos gerbes dans la grange, vous verriez difficilement en cela l'œuvre du Saint-Esprit.

Voilà, néanmoins, pourquoi nos fils sont obligés de dépenser le plus pur de leur sang et de donner leur vie dans cette expédition d'Italie; ils sont chargés d'obliger les Romains d'accepter leur évêque pour leur roi. Comme vous, les Romains répliquent : « Nous voulons bien de notre évêque dans les choses de la religion; mais il nous en coûte de l'avoir en même temps pour notre maître et notre prince dans les affaires d'ici-bas; en conséquence, nous vous supplions de vouloir bien ne pas nous ôter la vie, pour nous contraindre d'accepter chez nous un régime dont vous ne voulez pas chez vous. » Sur cette réplique, vous savez que peudant deux mois le sang a coulé à flots. Les bombes, les boulets, les balles des carabines de Vincennes, ont eu pour mire ce peuple assiégé par quatre nations, derrière une muraille vieille de quatorze cents ans. De bonne foi, est-ce là une gloire pour nous, de bombarder la porte Portèse pendant que les Autrichiens nous épaulent au nord, les Napolitains au midi, les Espagnols au couchant? Quatre grandes puissances ameutées contre un petit peuple coupable de nous avoir pris pour modèle! Vraiment, je commence à craindre que son sang ne retombe sur nous! Et déjà qui nous rendra nos fils tués pour cette iniquité?

Notez bien que la Constitution, qui est notre ancre de salut, est précise sur ce point, et qu'on ne peut y toucher sans la détruire dans sa base. Que dit-elle, article 7? Elle pose ce principe fondamental:

« La première condition d'un gouvernement libre est la séparation des pouvoirs. »

C'est-à-dire, si les mots ont un sens, qu'à moins de retomber dans le despotisme, il ne faut pas souffrir que des autorités d'une nature essentiellement différente soient renfermées dans les mêmes mains. Voilà ce qu'enseigne notre Constitution. Voyant cela, les Romains se sont dit entre eux: Il est nécessaire de nous conformer et d'obéir à la règle posée par la sagesse des Français; profitons de la leçon qu'ils nous donnent. Puisque d'après leur maxime, nul ne doit avoir deux pouvoirs, nous partagerons le pouvoir spirituel et le pouvoir temporel; nous laisserons au pape le premier, nous lui ôterons le second. Car il n'est pas convenable que le prêtre soit en même temps le prince, le roi ou l'empereur. Nous soumettant ainsi à ce que viennent de proclamer nos voisins, obéissant chez nous à la règle générale qu'ils ont tracée pour tous ceux qui veulent entrer dans un ordre régulier, nous donnerons au monde la meilleure preuve de notre amour pour la liberté, de notre respect pour la nation française. Mais, chose incroyable! à peine les Romains se sont-ils conformés à la règle posée par la Constitution française, que le gouvernement français envoie une armée pour les châtier d'y avoir obéi. Ici je veux que vous fassiez vous-même la réponse. La Constitution française est-elle, oui ou non, déchirée par des baïonnettes françaises ?

A cela que répondent-ils? Rien, absolument rien. Car si la confusion des pouvoirs civils est mortelle à toute liberté, cela est cent fois plus vrai de la confusion des pouvoirs politiques et religieux. Sous le despotisme politique le plus exécrable, la conscience morale peut du moins échapper à l'oppression, et l'homme rester libre dans les fers. Mais si l'autorité religieuse est dans la même main que l'autorité politique, il est alors investi de toutes parts. Excommunié spirituellement par celui-là même qui peut le frapper temporellement, nulle issue ne lui reste, ni sur la terre, ni dans le ciel. Voilà l'idéal du despotisme. C'est le chef musulman, c'est Henri VIII, le czar, le pouvoir temporel de la papauté. Ainsi, vous armez vos flottes, vous envoyez renforts sur renforts, régiments sur régiments, batteries sur batteries pour rétablir dans le principe du pouvoir cette confusion que proscrit la Constitution. Vous affirmez que cette confusion est mortelle à toutes les libertés, et vous l'instituez par la force. Qui êtes-vous donc, vous qui, selon les propres paroles de votre constitution, détruisez la PREMIÈRE CONDITION D'UN GOUVERNEMENT LIBRE ?

Ils ne connaissent pas même la nature du gouvernement qu'ils veulent imposer. Ils ne voient pas que la théocratie n'est pas une forme accidentelle, qu'elle suppose pour fondement la foi la plus vive, que là où ce degré de ferveur et de foi n'existe plus, ce genre de gouvernement devient impossible par la force même des choses. Pourquoi la théocratie a-t-elle croulé dans Rome? Parce que l'ancienne ferveur du moyen âge a manqué au peuple. Si ce que vous allez faire a un sens, c'est d'obliger, par la grâce des baïonnettes et des boulets, ce peuple d'avoir juste assez de foi pour supporter le gouvernement théocratique... Mais cette foi vous manque à vous-même..... Ah! je vous entends : les coups de sabre et la mitraille sont chargés d'inculquer la croyance que les hommes n'ont plus.

En vérité, nous avions quelque raison de croire que le fer et le feu n'auraient plus rien à décider dans les questions religieuses, qu'il ne serait plus fait de boucheries pour obliger et contraindre les croyances. Oui, j'espérais que notre siècle ne reverrait plus de ces abominables violences faites aux consciences humaines, dans l'intérêt d'une autorité spirituelle; mais voici un nouveau pas dans ce chemin que je ne sais comment nommer. Vous qui vous chargez de faire l'auto-da-fé d'une République suspecte d'hérésie, y avez-vous bien songé?

Qui êtes-vous pour vous arroger de donner au monde ces leçons sanglantes d'orthodoxie? Êtes-vous des croyants, pour rétablir impunément le système des dragonnades? Réfléchissez, je vous prie, à ceci. Quand Louis XIV se faisait comme vous, convertisseur de par l'épée et le canon, dans la guerre des Cévennes, dont le sang crie encore, il était du moins sincère; il avait la ferme croyance qu'il voulait imposer; il commençait avant le carnage par se confesser auprès du père Letellier. Mais vous, qui tranquillement teignez vos mains du sang italien, quelle est votre foi? Êtes-vous des fanatiques? êtes-vous restés au moins comme l'Espagne, conforme à l'unité catholique? avez-vous conservé chez vous l'autorité exclusive d'une religion d'État? Non. Vous avez donné chez vous un droit égal à l'église orthodoxe et aux églises dissidentes. Votre loi, cette Constitution que vous avez jurée, porte que vous admettez chez vous, sur un pied égal, tous les cultes. Pourquoi donc allez-vous contraindre les autres à subir les conséquences politiques d'une foi exclusive que vous n'avez pas? Comment! la théocratie dont vous avez extirpé chez vous jusqu'au germe; vous obligez d'autres de la subir, le pistolet sur la gorge!

Vous avez dans votre pays plus de dix-huit cent mille dissidents. Toutes les lois humaines et divines sont violées, quand vous obligez ces hommes de faire une guerre papiste contre leur croyance et leur culte; guerre religieuse sans foi, entreprise par des hommes qui jurent dans leurs lois, dans leurs institutions, le contraire de ce qu'ils veulent imposer aux autres. Que les orthodoxes se fassent les exécuteurs d'une religion d'Etat, l'intelligence peut le comprendre; mais que la France, après avoir aboli chez elle la religion d'État, se joigne à ces envahisseurs pour renouveler le sac du XVIe siècle; qu'elle aille allumer l'auto-da-fé d'un peuple suspect de liberté de conscience, avouez que cela est tout ensemble insensé et exécrable. Si vous voulez préparer le San-Benito d'un peuple, montrez-moi que vous avez les mains nettes d'hérésie. Avant de courir sus aux Romains, que vous prétendez hérétiques, Français, courez sus chez vous aux protestants, luthériens, calvinistes, juifs, libres penseurs, libertins de tous genres, philosophes, émeutiers de la raison universelle. Autrement je vous accuse de n'avoir pas, pour couvrir vos actions, le prétexte du fanatisme. Tremper ses mains dans le sang de ceux que l'on nomme hérétiques, et consacrer chez soi la liberté, la souveraineté de l'hérésie, ce rôle, avouez-le, est difficile à soutenir. L'Espagne, Naples, l'Autriche, ont des droits à allumer le bûcher. La France, en proclamant chez elle le schisme, a perdu son droit de bourreau.

Je n'ignore pas le raisonnement de ceux qui tiennent les fils de l'entreprise. Le peuple italien, disent-ils, appartient aux catholiques; ceux-ci peuvent toujours l'*exproprier* de ses droits de nationalité, pour l'utilité de tous. Il est à propos que ce peuple meure, parce que sa destruction est nécessaire à l'Église; elle ne peut vivre, s'il subsiste. Voilà la logique des meneurs; elle est la seule conséquente.

Ne nous a-t-on pas enseigné que le peuple romain est un fief donné par Charlemagne au prince de Rome; qu'à ce titre, cette population, ainsi que les vases, habits, ornements d'église, reliques, ossuaires, fait partie du mobilier du saint-siége? En reprenant sa liberté, ce peuple vole évidemment l'Église romaine; tous les croyans ont le droit et le devoir de lui courir sus pour le ramener à la chaîne.

Puisque le pouvoir temporel paraît, à ce point excellent, qu'il faille l'imposer par le carnage, pourquoi les assaillants s'abstiennent-ils de l'adopter chez eux? Qui nous empêche de rentrer sous le gouvernement et la houlette des évêques des Gaules? Que ne plaçons-nous le pape à notre tête? Il serait beau de le voir dans trois ans président de notre République démocratique. La théocratie mêlée de souveraineté du peuple étant le dogme de nos armées, que ne commençons-nous d'abord par rendre au saint-père le comté d'Avignon, qu'il nous accuse, hélas! d'avoir volé? Avouons-le, mes frères, la dévotion la plus simple commande que la croisade austro-russe, napolitaine, espagnole, française, après avoir conquis la Rome italienne, se tourne contre la Rome provençale pour la rejeter dans le reliquaire de saint Pierre. Faisons mieux, cédons-lui une grasse partie de notre territoire; le reste en sera béni. C'est le droit des peuples pieux de se donner eux-mêmes en sacrifice pour la cause de l'Église. Mais attacher, clouer sur l'autel, en notre lieu et place, l'Italie à une forme de gouvernement dont elle ne veut pas, immoler celui qui n'accepte pas l'immolation! est-ce là un sacrifice chrétien ou païen! Je crains que ce ne soit un fratricide social. Pense-t-on que ce sang soit fait pour rajeunir l'Église?

Le gouvernement est plus doucereux. Sans même voir que le problème qu'il se donne est absurde, il se propose sérieusement, sans métaphysique, cette affaire aisée, accommoder ce qui est inconciliable, la théocratie et le régime constitutionnel. Comme si la théocratie pouvait se partager et se scinder! Obtenir par la vertu des armes que le pouvoir divin, descendu d'en haut par l'opération du Saint-Esprit sur la tête du pontife, irresponsable devant les hommes, soit limité par le pouvoir populaire; trouver un juste milieu entre la souveraineté absolue de la théocratie et la souveraineté également absolue du suffrage universel; faire équilibre par un conseil d'État à celui qui prétend peser plus que l'humanité entière et que tous les globes; donner pour expression de la nationalité l'élu d'un conclave d'étrangers; représenter la démocratie par la théocratie, c'est-à-dire, le oui par le non, le blanc par le noir, l'esprit laïque par l'esprit prêtre, la souveraineté de la raison par la démission de la raison : telles sont les questions simples, unies, sensées, parfaitement raisonnables que notre expédition est chargée de dénouer par le sabre. La France entière passerait et s'engloutirait dans ce gouffre d'impossibilités.

M. Odilon Barrot envoie solennellement nos braves soldats à la conquête de l'absurde. Chargés seulement de changer à coups de baïonnette la nature éternelle des choses, les instructions qu'ils ont à exécuter se réduisent à ceci : « Général, à la récep-

» tion de cette lettre délibérée en conseil, vous obtiendrez, par
» une action décisive des troupes qui sont sous vos ordres, que
» le cercle, renonçant à ses prétentions ordinaires, devienne dés-
» ormais un carré : l'état de nos affaires et l'ordre public exigent
» que ce changement attendu par les honnêtes gens s'opère sans
» retard. »

Le pape, représentant du droit divin, est toujours maître de révoquer ce qu'il accorde ; il porte à lui seul la triple couronne, il ne peut la partager avec qui que ce soit ; la division de son autorité en est la négation et la ruine. D'où il résulte qu'attendre de ce pouvoir sacré, céleste, qu'il se laisse borner par un pouvoir d'origine terrestre, c'est à la fois un blasphème au point de vue de l'Église, un attentat au point de vue de la démocratie ; en sorte que le gouvernement, qui prétend concilier ces deux souverainetés incompatibles, ne réussit qu'à concilier l'impiété envers la religion romaine, et l'impiété envers la liberté laïque.

Vous qui prétendez agir au nom de l'Église, vous méconnaissez, vous ignorez, vous blasphémez le premier principe de l'Église. En demandant au saint-père de transiger avec un peuple, vous lui demandez d'abdiquer. Le savez-vous ou ne le savez-vous pas ? vous exigez du pape qu'il viole sa foi, du peuple qu'il perde ses droits. Vous ne laissez subsister l'autorité ni chez l'un ni chez l'autre. En croyant la partager, vous la détruisez.

Qui a porté par avance ce jugement ? Est-ce moi ? Non. C'est Pie IX, lorsqu'en ouvrant en 1847 la consulte d'État, il a déclaré solennellement « que ses réformes ne *contiennent le germe d'aucune institution parlementaire* ; que la papauté peut bien condescendre à écouter des vœux, non partager le pouvoir avec le peuple ; que le régime constitutionnel dans les domaines du pape est une utopie. » Telles sont ses paroles et sa croyance. Voulez-vous donc, après avoir mis vos baïonnettes sur la gorge du peuple, les retourner contre le saint-père et l'obliger à renier sa foi ? Dans tous les cas, voici la situation que vous avez créée. Si vous voulez, comme vous l'avez dit, l'établissement d'un gouvernement constitutionnel dans Rome, vous violentez le Pontife ; si vous voulez le rétablissement du gouvernement absolu de droit divin, vous violez votre parole. Choisissez.

Vous touchez à ce moment de gloire : après avoir traversé une mare de sang, vous avez mis, avant les Autrichiens, le pied sur la gorge de l'Italie. Maintenant qu'allez-vous faire? Recueillir en paix par les négociations ce que vous avez préparé par la guerre. Je le veux bien. Mais quoi! vous demandez au pape ce qu'il ne peut accorder sans cesser d'être, un régime constitutionnel, fondé sur la souveraineté du peuple. Vous demandez à la souveraineté du peuple ce qu'elle ne peut accorder sans périr, se partager avec la théocratie. Deux ruines pour une : celle de la démocratie et celle de la papauté. L'Autriche se contentait à moins.

Premier caractère de l'absurdité : cette entreprise va directement contre le but que ses auteurs se proposent; ils se frappent eux-mêmes dans leur embûche. Fatale à la France, fatale à l'Italie, cette expédition est, par-dessus tout, fatale à la papauté.

On croit avoir tout décidé quand on a fait cette singulière concession, que nos armes n'interviendront pas dans le gouvernement temporel des Romains. On se bornera à intervenir par la force des armes dans les choses spirituelles, au profit du rétablissement du saint-siége; c'est-à-dire que l'on se contentera de tyranniser ce qu'il y a de plus saint dans le monde, le for intérieur, la conscience, la liberté de croire ou de ne pas croire.

A cela, la conscience universelle a déjà répondu que le peuple italien n'a pas rejeté l'autorité spirituelle du saint-siége. Mais quoi! s'il la rejetait, s'il convenait à ce peuple de réformer sa croyance, d'embrasser une nouvelle communion, de sortir de l'Église! prétendez-vous vous arroger le droit de le contraindre par les dragonnades de persévérer dans la foi qu'il n'aurait plus? Le ramènerez-vous mutilé à l'orthodoxie? Et s'il a le droit de changer de religion, comment donc n'aurait-il pas le droit, sans changer de religion, de se soustraire à la théocratie et au gouvernement du pape?

Mais sa servitude est utile au catholicisme.... Il faut, pour l'avantage de cette religion, que la conscience de ce peuple soit extirpée sous un faisceau de baïonnettes autrichiennes, napolitaines, espagnoles, françaises..... Et moi, je pense que le plus grand coup que vous puissiez porter à cette religion est cet incroyable aveu, qu'elle a besoin de s'appuyer sur un cadavre. Comment toutes les consciences vives de nos catholiques ne sont-elles pas remuées, révoltées, à l'idée que la servitude morale d'un peuple est le fondement nécessaire de leur culte? Etrange manière de servir l'Église! avouer qu'il faut lui faire le sacrifice sanglant d'une nation.

Voilà donc ce qu'ils nous promettaient quand ils bénissaient les arbres de liberté le lendemain du 24 février. Liberté de conscience: cela veut dire que si vous n'admettez pas dans le domaine spirituel ce qui convient à l'Église, de tous les points de l'horizon il convient que vous soyez sabrés et fusillés. Liberté des cultes: cela veut dire que si vous voulez échapper à la domination politique des prêtres, votre ville sera investie. La sape approchera des murailles pendant la nuit; le canon et la mitraille obtiendront raison de votre conscience indignée. A juger par ces deux libertés fondamentales, qu'est-ce donc que cette mystérieuse *liberté d'enseignement* qu'ils nous promettent encore?

Assurément il se passe quelque chose d'extraordinaire, puisque ceux qui veulent restaurer par la force le pouvoir temporel de la papauté portent au contraire le plus grand coup à ce pouvoir. Restaurer le pape par la vertu des balles étrangères, c'est identifier sa cause avec celle des ennemis, c'est le rendre exécrable à toute l'Italie, c'est montrer aux yeux des plus aveugles ce que les penseurs proclamaient vainement depuis des siècles.

Justice d'en haut! le peuple de Voltaire, après avoir ébranlé le papisme par ses railleries, achève de le ruiner par sa conversion sanglante. Inutilement la froide raison démontrait que le pape est, depuis l'origine, l'obstacle permanent, invincible à la formation de la nationalité italienne; cette vérité était combattue dans le cœur de beaucoup d'Italiens par un reste d'attachement à la tradition. Mais en voyant le saint-père précédé de ses vénérables frères, fantassins, cavaliers, artilleurs, Autrichiens, Croates, Tyroliens, Français, Napolitains, Espagnols, qui viennent les uns après les autres lui ouvrir la brèche dans le sang, par-dessus le cadavre de l'Italie, quel est l'homme qui ne se rendra enfin à l'évidence? Qui ne reconnaîtra, au milieu de la sainte ligue, l'éternel Étranger? Ouvrez à l'épée, comme au XVIe siècle, les portes du Vatican! que les feux du bivouac s'allument une seconde fois dans les chambres de Raphaël! Couvrez de tapis ces cadavres tièdes. Genoux en terre, intronisez avec les cardinaux le pape dans Saint-Pierre, pour officier et donner sa paix au monde. Le sang des Italiens versé à Novare, à Brescia, à Bergame, à Messine, à Catane, à Palerme, à Bologne, à Milan, à Ancône, à Venise, à Rome, par toutes les nations orthodoxes, remplira le saint-ciboire.

La torture appliquée à un petit peuple, dont quatre grandes puissances sont les tourmenteurs, est un spectacle tout nouveau dans le XIXe siècle, et bien fait pour regagner les âmes. Le bûcher qui s'est éteint pour les individus se rallume pour une nation. L'Autriche tient les tenailles, l'Espagne verse la poix, Naples brûle les pieds dans le réchaud, la France disloque les membres. Écoutez, comme dans le manuel de l'inquisition, les plaintes du patient, depuis la Brenta jusqu'au Tibre : Miséricorde! Sont-ce des chrétiens? Qu'est-ce que ces hommes et ces pierres leur ont fait?

Lorsqu'il y a une dizaine d'années, nous avons montré l'esprit prêtre qui commençait de nouveau à s'étendre sur la France, au lieu de l'esprit religieux, les politiques à grande vue nous ont averti que nous faisions là un rêve. Pour eux, hommes d'expérience et de hautes visées, ils n'apercevaient rien de semblable à l'horizon. Et il arrive que, dès la première expédition de la République hors de ses frontières, la France, enfroquée dans une croisade du saint-office, s'en va glorieusement dérouler à travers le monde, sous le ciel d'Arcole et de Rivoli, la bannière de Loyola. Pour que rien ne manque au caractère de cette expédition, nous mettons tout le génie des docteurs des *Provinciales* dans notre plan de campagne; nous soupirons dans nos proclamations pour le bonheur de l'Italie, mais il convient avant tout de la saluer bénignement d'une pluie de mitraille bénite. Notre désir naturel est d'émanciper les Italiens; mais un amour plus honnête nous dit de les canonner d'abord pour leur félicité. Évidemment, c'est en les tuant que nous ferons leur salut.

J'ai travaillé de longues années pour empêcher mon pays de glisser et de tomber dans ce cloaque de sang. L'Esprit que je combattais l'a emporté pour un jour : qu'il soit jugé par ses œuvres!

Voici le secret de beaucoup de choses qui autrement seraient inexplicables. La France, qui a fait cinq ou six révolutions politiques, ne s'est jamais décidée à faire une révolution religieuse; elle a conservé au moins la forme du système religieux du moyen âge. De là ces contradictions, ces apostasies monstrueuses dont aucun autre peuple n'a donné le spectacle. Courant d'une extrémité de la liberté à l'extrémité de la servitude, elle s'élance par bonds dans l'avenir; elle plane avec ravissement sur l'horizon social. Soudain une petite chaîne bénie, qu'on avait oubliée et qui la tient par le pied, se tend sous une main inconnue. La France retombe aussitôt, de trois siècles en arrière, dans une geôle du moyen âge. Hier elle avait devancé le reste du monde, elle se riait de ses contemporains; aujourd'hui la voilà qui se débat, de concert avec les Napolitains de San-Gennaro, dans une affaire de sang que l'on ne sait comment classer, entre la guerre des Albigeois, la Saint-Barthélemy et les dragonnades des Cévennes.

Nos clubs eux-mêmes, qu'on faisait si terribles, n'ont-ils pas été doux comme des colombes à l'égard de l'esprit prêtre? Ils l'ont caressé, évoqué. C'était, disaient-ils, un appui nécessaire, une force qu'il fallait absolument conquérir par l'humilité. Pas un n'a fait planter son arbre de liberté qu'il ne l'ait fait baptiser par un saint homme. L'arbre ne pouvait croître, disaient-ils, s'il ne sortait du jardin du sacré-cœur : l'entente était parfaite. Par malheur, à un signe, le jeu a cessé; la France, on ne sait comment, s'est trouvée liée des durs liens de la mort. Une servitude que l'on n'avait pas encore vue a pesé sur la langue et sur la pensée des hommes.

Veut-on voir à quel point nous sommes éloignés du sentiment du droit? Pendant que d'un côté nous aspirons à un monde nouveau de justice et de lumière, de l'autre nous nous laissons ravir, presque sans y penser, les conquêtes les plus assurées de la civilisation; nous retombons soudain, du milieu du XIXe siècle, dans le droit barbare du moyen âge. Jusqu'à ce jour, les défenseurs les plus intrépides de la cause italienne ont cru devoir l'excuser par ce motif qu'elle ne porte nulle atteinte à la croyance de l'Église, et qu'elle est tout entière renfermée dans un intérêt politique. Singulière défense qui, pour sauver la liberté, commence par abandonner la première de toutes, celle de la conscience! Si l'Italie, pour la centième fois, brisée, violée, lacérée, souillée, étouffée, au nom de l'Eglise, par toutes les nations dites catholiques, veut échapper à ce grand coupe-gorge qui se dresse pour elle à chaque siècle, le moyen radical, le seul efficace, est celui que lui ont conseillé tous les grands hommes du passé, en l'invitant à réformer son Église. Ce moyen est de rompre son lien spirituel avec la nef de saint Pierre, qui en s'engouffrant l'entraîne dans l'abîme. *Il est temps de couper le câble.*

Ne se trouvera-t-il personne chez elle qui ait l'audace, dans ce péril suprême, de revendiquer le droit d'échapper à l'oppression, non seulement politique, mais spirituelle de l'Église romaine? Là est le salut; là est, pour l'Italie, le commencement de la vie politique. Ce flot de barbares qui s'apprêtent périodiquement chaque siècle à la submerger sous la violence et sous l'astuce, à l'appel de l'éternel Étranger, lui montrent, lui enseignent, lui révèlent pour la millième fois où est son ennemi. Depuis les anathèmes de Dante contre le saint-siége, jusqu'aux malédictions de son dernier tribun, Savonarole, la tradition de tous ses grands hommes lui ouvre le chemin du véritable affranchissement. Et pourquoi n'entrerait-elle pas à son tour, par la voie que les uns appellent le schisme et les autres la réforme, dans l'âge viril où sont entrés la France, depuis l'édit de Nantes, l'Angleterre, l'Allemagne, la Russie, les États-Unis, tous ceux qui ont échappé à la mort religieuse et morale? Pourquoi n'aurait-elle pas, elle aussi, à la fin, sa réforme italienne? Si la nudité du protestantisme l'effraie, si les pompes du culte sont nécessaires à l'imagination de son peuple, qui l'empêche de les conserver, même en se séparant de la communion du pape? Ne vient-elle pas de faire l'expérience que, sans lui, malgré lui, Dieu reste présent dans ses églises? N'a-t-il pas soutenu pendant deux mois la muraille branlante de Bélisaire contre tout l'effort du peuple le plus vaillant du monde? Puisque c'est en qualité de nations catholiques que les sœurs charitables de l'Italie viennent porter chez elle le fer et le feu, elle peut échapper pour toujours à ce sanglant embrassement en sortant de l'Église officielle.

Si l'Italie avait fait son schisme comme les peuples que je viens de nommer, personne ne songerait à lui imposer de force la théocratie romaine. C'est parce qu'elle est restée fidèle à l'Église, qu'au nom de l'Église elle est livrée au fil de l'épée. Tirez vous-même la conséquence.

Seul lieu commun qui leur reste : La restauration de la papauté dans Rome est indispensable, disent-ils, au monde chrétien. Que l'on m'explique d'abord comment l'Angleterre protestante, l'Allemagne protestante, la Prusse protestante, les Etats-Unis protestants, les Slaves de la communion grecque, les dissidents de France, qui tous croient faire partie du monde chrétien, sont absolument autorisés à rétablir dans Rome, par la mitraille, le pape qu'ils ont détruit chez eux.

Dans cet emportement de passions, ils calomnient même le catholicisme qu'ils prétendent défendre. Quoi! le catholicisme ne peut vivre si le pape ne continue d'habiter tel lieu, telle ville? La religion se meurt si le pontife ne séjourne dans Rome? Je croyais que la foi était dans le cœur, non pas dans les murailles. Quoi! il faut de toute nécessité que le chef du monde spirituel trône dans ce palais et non pas dans tel autre? Fit-on jamais une injure plus grande à la religion du Christ que de la river à des pierres?

Donner à la France, dans la politique étrangère, le rôle d'une puissance papiste, c'est premièrement contredire la Constitution, qui a aboli la religion d'Etat; secondement, c'est ravaler l'autorité de notre pays. Depuis trois siècles, toutes les fois que la France a été puissante, elle a agi sans esprit de secte, dans le génie conciliant de la civilisation. Aujourd'hui, au milieu de ces explosions de races d'hommes qui toutes se sont soustraites à l'Église romaine, ramener la France à une politique de sectaire, c'est abandonner toute influence sur la race germanique et sur la race slave, c'est renoncer à agir comme membre de l'humanité, c'est prendre le chemin de l'Espagne, et se retirer des grandes affaires. La France, revenant au droit barbare, est-elle une de ces tonsurées de grande race que l'on envoie abdiquer dans le cloître? Qui donc a fait tomber ses cheveux sous le ciseau?

Acculés d'absurdités en absurdités, obstinés toutefois à cacher la vraie, l'unique raison de l'expédition, ils finissent par dire : Voici notre secret : nous voulons entrer de vive force dans Rome pour y prévenir les Autrichiens; c'est-à-dire que, retournant droit à la barbarie, ils bombardent la capitale de l'Italie, non pas, comme nous le pensions, dans l'intérêt d'un principe, d'une cause à défendre, mais uniquement et simplement parce que cela leur convient. Ils prennent sur un peuple le droit de premier occupant, et le traitent comme chose inanimée; leur dernier mot est de nier tout droit, toute conscience. Quiconque a la force sur son voisin, qu'il en use. Le seul point est de se hâter. Arriver vite et frapper le premier, tel est le nouveau droit des gens.

Voilà ce qu'ils font des lois éternelles de la conscience humaine, et c'est au nom du respect de la société qu'ils renversent dans sa base le principe même de la société et de l'humanité. Les barbares qui au XVe et au XVIe siècle se sont rués contre l'Italie affichaient, du moins, je ne sais quel droit d'héritage.

Ils veulent, disent-ils, devancer les Autrichiens sur le cadavre de l'Italie. Et que m'importe s'ils font exactement ce que les Autrichiens feraient à leur place? Encore une fois, puisqu'il faut démontrer, épuiser l'évidence, que veulent les Russes et les Autrichiens? Je vous l'ai dit : l'anéantissement de la nationalité italienne, qui est un des boulevards de la France? Que faites-vous en anéantissant les forces de l'Italie? Précisément ce que demandent les ennemis de la France? — Mais nous avons doublé le pas sur les Russes et sur les Autrichiens. — Soit! vous êtes leur avant-garde; vous avez l'honneur de frapper le premier coup.

J'arrive à cette dernière raison qui renferme toutes les autres. Les Italiens sont trop faibles pour défendre leur liberté; donc il faut, par amour de la liberté, que la France se charge de réduire les Italiens.

Quel dommage que ni Louis XVI, ni Charles X n'aient pas connu ce droit tout libéral d'écraser le droit chez les faibles, pour leur ôter la peine de le perdre! on eût étouffé dans leur germe deux nationalités qui embarrassent le monde, celle des Américains et celle des Grecs, par les simples motifs incontestables que voici :

Les États-Unis d'Amérique sont trop faibles pour s'affranchir du joug de l'Angleterre; par conséquent, M. de Lafayette, mû d'un sentiment tout libéral, ira se joindre à l'Angleterre pour fusiller en commun dans son berceau l'indépendance de la démocratie américaine.

Les Grecs ne peuvent tout seuls défendre leur nationalité; en conséquence, la flotte de Navarin se joindra à celle des Turcs pour massacrer ce qui reste des Grecs.

Quand, pour étouffer en 1820 la révolution napolitaine, les Autrichiens ont marché dans les Abbruzzes, tout le parti libéral a crié par la bouche du général Foy : *Ils n'en sortiront pas !* Quel malheur que ce parti n'ait pas eu l'idée de conseiller au gouvernement français de mitrailler lui-même la révolution napolitaine! Cette solution libérale, qui consiste à tuer soi-même la liberté par amour de la liberté, n'était pas alors connue.

Qui vit jamais pareil acharnement contre le droit des gens et l'éternelle justice? Cette obstination serait inexplicable si elle ne reposait, au fond, sur un système où tout se lie.

La vérité est que ce qui se passe à Rome a un caractère général pour l'Italie et le monde; il s'agit en effet de l'universelle oppression ou de l'universel affranchissement. La destruction du pouvoir temporel des papes, fait culminant de l'indépendance de la société laïque, est la marque que l'Italie entre dans le chemin des peuples modernes. Rejetez-la sous le pouvoir temporel, vous lui interdisez la vie civile des autres peuples; vous la clouez au moyen âge. A l'égard des autres nations, il n'est pas moins évident que le foyer de la vieille Europe est dans Rome; que là est le premier anneau de la chaîne qui lie les peuples sous le sceau de la Sainte-Alliance; que la confusion des pouvoirs du prêtre et du souverain est l'empreinte du moyen âge dans le droit politique, le démenti le plus éclatant aux conquêtes de la société moderne, la négation du droit établi par la révolution et par la philosophie, la consécration religieuse des traités de 1815, la marque de la défaite de la révolution française, la victoire du droit divin sur le suffrage universel, la sanctification de Waterloo. Oui, le nœud des choses humaines est encore là; toute la vieille Europe a raison de se retrancher parmi ces ruines. Dans cette coalition entre la Russie, l'Autriche, la France, contre l'esprit et le droit de la révolution, il faut rendre cette justice au gouvernement de la République française, qu'il s'est donné la plus grande part. Il a mis tout d'abord, dans cette partie jouée à trois, le plus grand enjeu de servitude.

L'ai-je enfin épuisée cette suite tortueuse de subterfuges? J'entends un cri de victoire comme après Marengo. La brèche est faite, le carnage a cessé, nos troupes sont entrées dans Rome. Soudain le langage change. Il n'est plus question de concessions, de conditions, de gouvernement constitutionnel, ni même de libertés sages: ce n'étaient là que les machines et les engins d'un siége contre la conscience et la raison publiques. Le siége fini, on accorde un moment à la vérité. Le prince est rétabli sans nulle autre condition que son bon plaisir; telle est la phase nouvelle de notre expédition. Pour premier gage, une assemblée nationale est dissoute par le droit du sabre; une baïonnette renverse l'urne du suffrage universel, une nationalité expire; nous chantons un *Te Deum*, et tout est dit.

Ainsi se termine ce long chemin souterrain de subtilités rampantes, de mots couverts, d'embûches parlementaires, de promesses obliques, qu'il m'a fallu parcourir jusqu'ici. Le voilà qui s'échappe enfin, l'aveu cynique qui, je le savais bien, devait se trouver au fond de ce repaire. Rétablissement du pouvoir théocratique, droit divin sans garantie, absolutisme du sabre et de la crosse, restauration de 1815 sans charte : voilà le présent républicain que nous faisons à l'Italie pour prix de son sang et du sang de nos soldats. Nous l'avouons maintenant que le coup a réussi. Le fait est accompli. Raisonnez sur les morts tant qu'il vous plaira.

Au milieu de ce mépris de la conscience humaine, une chose commence à m'effrayer ; c'est de voir les défenseurs de la société actuelle se retrancher sur le terrain qu'ils ont eux-mêmes travaillé dix-huit ans à miner. Les voilà acculés dans tous les systèmes qu'ils ont renversés. Ils ont déchiré le masque de la vieille société, et ils croient se déguiser sous ce reste de masque. Ils ont détrôné le jésuitisme, et ils épousent le jésuitisme. Ils ont brisé le principe de la légitimité, et ils s'appuient sur ce roseau rompu. Ils ont creusé l'abîme, et ils vont se rallier au fond de l'abîme. Ils ont fait le vide, et ils s'assiéent sur le vide. Qui ne reconnaît pas là le signe du vertige? Les fils de Voltaire mendient la protection des fils de Loyola.

Où s'arrêter dans cette alliance avec ce qu'ils ont maudit? J'ai vu des hommes, pleins d'une vague épouvante, tout à coup emportés d'une joie qui fait peur. Pourquoi cela? Parce que les systèmes, les opinions, les croyances, les préjugés qu'ils ont tués et ensevelis eux-mêmes se relèvent aujourd'hui de terre et leur donnent rendez-vous parmi les ruines. Vous souvenez-vous du *Festin de Pierre?* Ils font comme don Juan qui, après avoir tué le vieux commandeur, accepte le rendez-vous à souper du mort. Ils tendent la main au spectre; le spectre ferme sur eux sa main inexorable de pierre. Qui peut dire où il les entraîne, moitié ricanants, moitié tremblants?

Au spectacle de cet inconcevable aveuglement, j'éprouve, pour ma part, plus de compassion que de colère; en les voyant répéter les paroles qu'ils ont flétries chez les autres, refaire les actions qu'ils ont maudites chez les autres, suivre pas à pas sans détourner la tête, les traces des dynasties qu'ils ont poussées au gouffre, je me demande souvent au fond de ma conscience : Que faire pour les sauver? Mais au milieu d'un ricanement pareil au bruit des feuilles mortes, j'ai entendu cette réponse sortir de mille bouches : Nous ne voulons pas être sauvés !

Après la leçon donnée d'en haut le 24 février à des hommes qui, ce jour-là même, ne voyaient pas ce qui s'accomplissait sous leurs yeux, je croyais qu'ils auraient puisé le sentiment loyal d'une certaine humilité dans l'expérience de leur défaite et de leur misère : c'eût été la marque d'une vraie supériorité que de profiter d'un tel enseignement. Quand je vois ces mêmes aveugles de cœur et d'esprit se donner de nouveau pour les chefs de cette société, je me demande à quel abîme nous sommes condamnés de prendre pour guides ceux qui ont été convaincus de n'avoir eu pendant dix-huit ans ni yeux ni oreilles.

Savez-vous ce qu'ils ne pardonneront jamais au 24 février? Le voici. C'est de leur avoir montré à eux-mêmes, dans le secret de la conscience, leur mesure et leur inanité. La révolution a fait bien pis que les alarmer sur leurs propriétés; elle les a en effet dépouillés et appauvris sans retour, en mettant à nu et dispersant les haillons de leur génie. Si l'on avait pillé leur or, ils pourraient le retrouver; mais cette démonstration éclatante de leur aveuglement et de leur néant, ces intelligences si sûres d'elles-mêmes, si rusées, si subtiles, et tout à coup si misérables, brisées en une heure et renversées de leur petit piédestal par l'évidence : comment pardonner une si monstrueuse chute, et si éclatante, à la face du monde dont on se prétendait les conseillers et les sauveurs?

Pour un homme qui se donne la peine de penser au milieu du tumulte des partis, le signe le plus frappant que la révolution continue, c'est de voir le désordre moral établi par ceux-là même qui s'imaginent le combattre : l'esprit révolutionnaire est si peu abattu, qu'il ne se montre nulle part avec plus d'audace que chez ses ennemis.

Hommes de bonne foi, dites-moi comment vous entendez établir l'ordre en bouleversant toutes les notions de la conscience humaine, et sauver la société en l'appuyant sur la négation même du droit social : la nationalité détruite, la religion prise pour masque, le chemin frayé à l'invasion, une assemblée nationale librement élue et dispersée par le sabre, une guerre religieuse sans foi, une croisade sans Christ, et pour résultat la liberté des cultes ramenant l'auto-da-fé d'une nationalité amie.

Vous voulez réparer le désordre moral; mais où est-il, s'il n'est dans ce que vous faites? Le désordre moral, c'est de mettre ses actions en pleine contradiction avec ses paroles; c'est de se dire les amis d'un peuple et d'écraser ce peuple; c'est d'agir dans le plan des Russes et des Autrichiens, en feignant de se séparer d'eux; c'est de mitrailler Rome quand ils mitraillent Venise, et d'établir, dans cette émulation, une différence entre un bombardement absolutiste et un bombardement modéré. Le désordre moral, c'est de prétendre n'influer en rien sur la liberté d'une nation, pourvu qu'on la tienne sous la gueule des canons. Le désordre moral, c'est de soutenir par le carnage un principe de gouvernement dont on ne veut pas chez soi. Le désordre moral, c'est d'imposer une autorité politique qui suppose un fanatisme de religion d'État, quand chez soi on a aboli la religion d'État. Le désordre moral, c'est d'étouffer un peuple au nom du catholicisme, parce qu'il est resté catholique, tandis que, s'il eût changé de communion, on n'eût pas songé à le violenter. Le désordre moral est de verser en langues de feu, par la mitraille, une foi que l'on n'a pas. Le désordre moral est d'établir chez soi la liberté des cultes et de l'écraser chez les autres. Le désordre moral est de substituer dans les questions de conscience le meurtre à la discussion, les bombes aux arguments. Le désordre moral, c'est de restaurer le serviteur des serviteurs de Dieu, en commençant par massacrer ses sujets. Le désordre moral, c'est de faire d'un monceau de cadavres un trône spirituel.

Triste augure qu'une société qui frappe et renverse dans un aveuglement de parti tous les principes sur lesquels elle repose et qu'elle prétend défendre! N'est-ce pas dans une nuit pareille de l'intelligence et de la conscience, que lady Macbeth a tué ses enfants? Dans un temps où il est convenu d'appeler du nom de socialisme tout ce que l'on veut outrager, montrez-moi une utopie qui renverse mieux que ne fait notre croisade impie les principes et les lois de la civilisation moderne. La liberté de conscience! où est-elle cette liberté, sur laquelle tout repose, quand de tous les points de l'horizon éclatent des *épées, non pas dans le fourreau*, mais des *épées nues*, pour trancher une question de conscience? La famille! où est le respect de la famille privée, si l'idée de la patrie, qui est la grande famille, est extirpée par le fer et par le feu? La religion! que devient-elle, si ceux qui ne l'ont pas se fient à la mitraille du soin de l'enseigner? La propriété! laquelle respectera-t-on, si un peuple n'a plus la propriété de sa conscience? Dites-moi ce que possède l'homme, s'il ne possède pas sa croyance. Toutes les fois que celle-ci a été violentée, on a violenté la propriété; la confiscation des biens des protestants n'était que la conséquence nécessaire et logique de la confiscation de leur doctrine. En intervenant par la violence dans les choses spirituelles, vous enlevez à un peuple entier ce qui lui appartient par-dessus tout, et sans quoi il ne peut rien posséder, la liberté de croire et de ne pas croire. Comment ne voyez-vous pas que si la conscience, c'est-à-dire l'âme humaine, n'est plus une propriété respectée, il n'y a plus de propriété dans le monde?

Supposez que cette société n'ait point d'ennemis; je dis que le danger n'en serait pas moins grand, puisqu'elle se frappe elle-même dans ses propres entrailles.

Au reste, nous pouvons bien, ce qui ne s'était jamais fait en France, insulter, conspuer ceux que nous allons combattre; nous pouvons bien écraser la fleur de la jeunesse italienne; mais ce que nous ne pouvons pas, c'est, en tuant ces hommes, de leur arracher les fruits de leur mort.

L'effort que nous avons dû faire pour les détruire est le commencement de leur affranchissement. Malgré nous, ce sang italien que nous avons versé à flots est la source désormais intarissable de l'indépendance et de la patrie italiennes. Qu'attendaient-ils de générations en générations tous les hommes dont le cœur a battu pour la cause de l'Italie? Que demandaient depuis Dante, Pétrarque, Machiavel, jusqu'à Napoléon, lord Byron, tous les grands cœurs qui ont identifié cette cause avec celle de l'humanité même? Ils attendaient un acte d'héroïsme qui fondât la nationalité italienne. Cet héroïsme a éclaté. En tenant tête aux troupes les plus braves de l'Europe, ce peuple a montré qu'il existe: c'est en l'écrasant que nous l'avons révélé au monde. Désormais il peut être envahi, accablé, massacré, non annulé. Nous-mêmes avons écrit son nom avec son sang sur les sept collines, il ne peut plus être effacé. Malgré nous, la patrie italienne, cette Italie attendue, annoncée de siècle en siècle comme une espérance du genre humain, a jailli sous nos coups. Nous avons été les bourreaux, elle a été le martyr. Les Italiens ont su mourir; l'Italie vit pour jamais. La France ne réussira pas à l'égorger une seconde fois.

Car, voyez jusqu'où il vous faut arriver : à la négation de la conscience humaine. Le crime que notre gouvernement fait aux défenseurs de Rome de n'être pas tous nés dans Rome est, au contraire, la preuve la plus éclatante, la plus morale, la plus infaillible que cette nationalité ne peut plus être noyée dans son sang. Au moyen âge, chaque homme, de l'autre côté des Alpes, ne s'intéressait qu'à sa ville, à son foyer : le Pisan était l'ennemi du Florentin, le Florentin du Siennois, le Siennois du Romain, et c'est à cause de ce démembrement barbare que la patrie demeurait impossible. Aujourd'hui, de tous les points de l'Italie, se sont rencontrés des hommes pour défendre la même cause. Qu'est-ce à dire, sinon que la patrie existe, puisqu'il se trouve des hommes pour mourir en son nom? En sorte que l'accusation dressée par le gouvernement français est au contraire la marque de cette solidarité morale qui compose un corps de peuple. Il reproche aux Italiens de nos jours précisément ce qui est leur plus grand titre moral, d'être sortis des rivalités, des haines, des divisions où le moyen âge était parqué, et d'avoir embrassé l'idée moderne de la nationalité.

Quoi! un Napolitain verser son sang pour Venise, un Lombard pour Ancône, un Génois, un Piémontais, pour Rome! quelle criminelle connivence! L'intérêt de la Péninsule veut qu'on la ramène de force à ces temps où chaque homme était en guerre avec tous les autres. Et moi, je le demande à toute conscience ennemie, à tout cœur endurci que la passion n'a pas détruit sans retour : dans cette affaire, de quel côté est le gouvernement français? Du côté de la civilisation, ou du côté de la barbarie? avec la société moderne, ou avec le moyen âge? avec le droit, ou contre le droit? avec la raison, ou avec l'absurde? avec la justice, ou avec la force brute? Il veut une Italie, à condition qu'il n'y ait pas d'Italiens.

Si je n'avais fait partie d'une grande assemblée, je ne me serais jamais douté de la légèreté d'esprit, feinte ou réelle, avec laquelle les hommes décident ces immolations de peuples qui excitent de siècle en siècle des frémissements d'indignation dans la conscience humaine. Les plus fins sont ceux qui jouent le mieux les stupides. « Comment, mon cher, vous croyez que cela finira » aussi tragiquement! Des coups de fusil contre la république » romaine? Allons donc! personne n'y songe, soyez-en sûr. Par » exemple, je serais de votre avis, si nous n'avions affaire à un » homme aussi honnête. » Puis viennent les formalistes. « Ce n'est pas la question; il s'agit tout bonnement et simplement de la question d'urgence, pas d'autre chose, etc. » Voilà avec quelles billevesées les hommes jouent les hommes; c'est ainsi qu'ont été consommés dans tous les temps ces grands meurtres qui saignent encore. Sous ces aimables paroles, s'amassent les larmes inextinguibles des uns, la honte irréparable des autres.

Demain, les passions se tairont; l'histoire dira: La France, en 1848, avait jeté un cri pour appeler les peuples à la liberté. L'Italie entendit ce cri rédempteur, elle se leva à demi de sa tombe. Mais un peuple s'approcha froidement de cette nation qui ressuscitait, et il égorgea le cadavre: ce peuple, c'est la France.

Qui prend la responsabilité du meurtre de la nation par laquelle toutes les autres ont été engendrées à la vie civile? Est-ce une classe seule? est-ce la bourgeoisie? est-ce la France? Qu'on le dise.

Je ne sais ce que pensent à cet égard mes compatriotes, ni ce qu'ils font pour amuser leur conscience. Pour ma part, je voudrais me laver les mains de ce sang, et voilà pourquoi j'écris ces lignes. Mais il n'est pas si aisé d'échapper par des paroles à la solidarité d'un homicide social. Je sens sur ma poitrine le poids d'un meurtre; dans mon sommeil une voix me crie: Caïn, qu'as-tu fait de ton frère?

S'il est hors de doute que la misère, la faim, les inquiétudes dévorantes qui ont empoisonné jusqu'à ce moment la République, sont l'expiation de la longue immoralité dont la France a été la complice sous le règne précédent, qui peut prévoir le gouffre de maux près de s'abîmer sur nous pour l'expiation de ce grand homicide? Du moins, lorsque le fléau d'airain nous frappera jusqu'au cœur, souvenons-nous que nous l'avons voulu.

Un peuple étouffé en plein jour par un autre peuple qui l'avait appelé à la liberté, non plus sous la tutelle d'un roi, mais dans la pleine conscience de ses actions : il n'y a pas de plus grand trouble porté dans l'ordre moral. Pour que cet ordre se rétablisse, il faut un châtiment; et je commence à craindre que la nation qui a tué de sang-froid la liberté chez une autre n'en soit punie longtemps par l'incapacité de l'établir chez soi.

Quelle est la peine sociale du fratricide social? Quel sera le châtiment du nouveau crime de Caïn? Affranchie seulement du remords, verra-t-on la France, portant au front un stigmate ineffaçable, toujours agitée, jamais satisfaite, errer d'une extrémité de la servitude à l'autre extrémité sans pouvoir s'arrêter dans la liberté et dans le droit? Travaillera-t-elle sans produire? S'agitera-t-elle sans avancer? Sèmera-t-elle sans moissonner? Servira-t-elle de ferment, de foyer, d'aiguillon, de brandon au monde, sans pouvoir elle-même profiter de ses œuvres? Maudite entre les peuples, son travail aussi sera-t-il maudit?

Nous traînons encore aujourd'hui après nous la solidarité du premier partage de la Pologne. Jusqu'à quelle génération s'étendra la solidarité du meurtre de l'Italie? Combien de temps la voix de ce sang criera-t-elle contre nous? Belles questions vraiment pour nos hommes d'État! Le premier châtiment de ceux que ces questions font sourire est l'aveu que leur conscience est morte, l'extinction de la conscience étant le vrai signe d'un ordre de choses qui finit.

C'est, du reste, une vue bien misérable de s'imaginer qu'un peuple échappe à ce que la Providence veut faire de lui; on croit que tout se débat dans les urnes, et l'on ne voit pas qu'une force supérieure aux fantaisies des peuples fait souvent sortir de l'urne le contraire de ce qu'ils y ont déposé. Depuis Louis XVI, que d'efforts la France n'a-t-elle pas faits pour se soustraire à la République! Deux fois elle s'est refaite de ses mains une dynastie pour tromper l'avenir; elle a cru d'abord s'arrêter dans la gloire avec la dynastie de Napoléon. Cette dynastie lui ayant manqué, elle a accepté la Charte de la branche aînée. Cette branche rompue, elle s'est rattachée au trône des d'Orléans; et malgré tant d'efforts pour s'abuser, se tromper, s'arrêter sur la pente, une heure a suffi pour la lier à la République. La journée du 24 février 1848 est grande, parce que dans ce moment la France entière a eu conscience d'un fait déjà consommé chez elle depuis un demi-siècle, à savoir, que la monarchie est morte depuis la mort de Louis XVI. Elle a reconnu distinctement ce jour-là, que ceux qu'elle avait salués du nom de roi depuis cinquante ans n'avaient eu qu'un règne d'emprunt; en sorte que tous ses efforts pour se rattacher à la monarchie n'ont servi qu'à la précipiter vers la République.

Plus que jamais on peut donner à l'histoire de France le titre de l'ancienne chronique : *Gesta Dei per Francos*, *les actions de Dieu par la main des Français.* La main aveugle travaille et ne connaît pas son œuvre; le plus souvent elle fait le contraire de ce qu'elle croit faire. Ce peuple peut bien se frapper lui-même et donner pour un jour la direction de ses affaires à tous ses ennemis; il peut ébaucher la servitude, mais c'est la liberté qui sortira de l'ébauche. Encore une fois la main aveugle touchera un but qu'elle ne connaissait pas : *Gesta Dei per Francos.* Au 24 février ils croyaient saisir la monarchie, ils ont rencontré la République; aujourd'hui ils croient embastiller le XIXe siècle, ils le précipitent dans l'inconnu.

www.ingramcontent.com/pod-product-compliance
Ingram Content Group UK Ltd.
Pitfield, Milton Keynes, MK11 3LW, UK
UKHW032018260826
14628UKWH00006B/2561

9 782019 678418